Wo Blumen blühen, lächelt das Herz

Das poetische Blumenalbum

Maria Sibylla

Merian

Wo Blumen blühen, lächelt das Herz

Das poetische Blumenalbum

benno

Bibliografische Information der Deutschen Nationalbibliothek
Die Deutsche Nationalbibliothek verzeichnet diese Publikation in der Deutschen Nationalbibliografie; detaillierte bibliografische Daten sind im Internet unter http://dnb.d-nb.de abrufbar.

Besuchen Sie uns im Internet:
www.st-benno.de

Gern informieren wir Sie unverbindlich und aktuell auch in unserem Newsletter zum Verlagsprogramm, zu Neuerscheinungen und Aktionen. Einfach anmelden unter www.st-benno.de.

ISBN 978-3-7462-6322-9

Zusammenstellung: Volker Bauch, Gößnitz
Umschlaggestaltung: Ulrike Vetter, Leipzig
Titelbild: Illustrationen: Maria Sibylla Merian, Neues Blumenbuch
Lithografie: © SLUB Dresden/Digitale Sammlungen aus: S. B. 760
Gesamtherstellung: Ufer Verlagsherstellung, Leipzig (A)

Inhalt

Mit einer Hyazinthe

Aus dem Zaubertal dortnieden,
das der Regen still umtrübt,
aus dem Taumel der Gewässer
sendet Blume, Gruß und Frieden,
der dich immer treu und besser,
als du glauben magst, geliebt.

Diese Blume, die ich pflücke,
neben mir vom Tau genährt,
lässt die Mutter still zurücke,
die sich in sich selbst vermehrt.

Lang entblättert und verborgen,
mit den Kindern an der Brust,
wird am neuen Frühlingsmorgen
vielfach sie des Gärtners Lust.

Johann Wolfgang von Goethe

Ein gefüllter Hyacinth / und ein Stengel Tacetten

Die Hyazinthe

Am Abend fing die rosa Hyazinthe
süß zu duften an
und unaufhaltsam entströmte ihr die Seele.

Nie kehrte sie zurück zur welken Blüte.
Wer aber klagte über dies –
nur mit Entzücken erinnern wir uns ihrer,
um zu sagen,
wie unvergesslich süß die
rosa Hyazinthe duftete an jenem Abend.

Paula Ludwig

Ein einfacher/blauer Hyacinth

An eine Narzisse

Wie dein holdes Blumenleben in der Vase wächst und steigt!
Deine leichten Flügel schweben aus dem Wasser, das dich säugt.
Um den Kelch aus goldner Seide, der sich faltenfein erschließt,
rankt sich ein Rubingeschmeide, das da flammend überfließt.
Rings zu einem Stern gegliedert sind der Blätter Zartoval:
eine Seele, weiß befiedert, auf des Stengels hohem Strahl.
Hüllst mich ganz in dein verklärtes, dufterfülltes Frühlingssein
und ich geh – ein unbeschwertes Kind – in deine Stille ein.

Rose Ausländer

Zwey einfache Narcissen

Mit Narzissen

Dies sind Blumen der freundlichen Frühjahrserde; sie blühen
hoch an Hängen, und tief wandert im Tale der Strom.
Da ich sie brach, verdämmerte Licht, erdunkelte Abend,
und meinem nächtlichen Blick, da ich in Garten und Haus
wiedergekehrt nach deinem Gesicht, nach deines Gewandes
Schein und dem schwimmenden Blau unserer Beete gesucht,
war statt aller geliebten Gestalt der eiserne Lorbeer
streng entgegengehäuft. Aber er blühte, und mir.

Rudolf Borchardt

Grosser / Orientalischer Narciß

Ein Blütenblatt

Von deinen Tulpen fiel das erste Blatt.
Es liegt am Fuß der stolz geschwungnen Vase
und lehnt sich auf am gletscherblauen Glase,
und drüber flammt der Strauß mit dreizehn Bränden.
Und eine von den Blüten züngelt so
in sich gekrümmt, als suche farbensatt
ihr Leben eine kalte Ruhestatt
und rette sich aus halb verbrannten Wänden.
Doch eine andre ist so lichterloh
geöffnet, dass wie zwischen Feuerwiegen
die gelb gekrönte Samenpuppe prangt,
die nach der Blüte nicht zurückverlangt,
wenn alle Blätter abgefallen liegen.

Richard Dehmel

Die Grosse Tulipan/Diana/samt der kleinen/
die Veue, oder Wittfrau genant.

Anemonen

Sie sprießen licht aus Waldesnacht
ohne reichen Duft, ohne Farbenpracht,
unter den großen, alten Bäumen,
über das Moos wie flutend Träumen:
Wann der Wind vorüberstreicht,
neigen sie ihre Köpfchen leicht,
aber wo die Sonne licht
durch die Blätterkronen bricht,
saugen sie all das goldige Scheinen
sehnsuchtsvoll in den Kelch, den kleinen.
So blühen sie scheu, ohne Glanz und Pracht:
die lichten Kinder der Waldesnacht.

Therese Dahn

Geband von einer Anemone / Fritillari und Crocus

Die Lilien

Seh' ich feuergelb und weiß
schmücken euch des Sommers Fluren,
wandelt meine Seele leis'
auf der Schöpfung heil'gen Spuren.

Denn so wie in euch der Schnee,
sanft erwarmend, sich gestaltet:
Ist in euch der Flamme Weh'
auch zur Blume still erkaltet.

Und ich ahn' in tiefster Brust,
wie die Kräfte sich durchdringen,
und im All, hold unbewusst,
Gegensätze sich bezwingen!

Ferdinand von Saar

Eine grosse blaue Lilje

Das Blümchen: Je länger je lieber

Jüngst fragt' ich den Gärtner: Wie heißt Ihr die Blume?
Sie heißt, war die Antwort: Je länger je lieber.
Ich lachte darüber;
doch nahm ich den Namen zu Herzen: Es ließ,
als wann, dem allmächtigen Schöpfer zum Ruhme,
dies Blümchen auf folgende Lehren uns wies':
Ihr müsset von göttlicher Weisheit und Stärke die Proben
nicht länger unachtsam verachten!
Ihr müsset des Schöpfers vortreffliche Werke
je länger je lieber betrachten!

Barthold Hinrich Brockes

Dreyfaltigkeits-Blümlein / sonst Stiefmütterlein /
auch Je länger je lieber / genant

Rosa multiflora

Vor allen deinen Schwestern
gepriesen seist du mir,
du, die so heut wie gestern
des Gartens blüh'nde Zier.

Die, wenn die andern lange
den letzten Duft verstreut,
in freud'gem Lebensdrange
sich immerfort erneut!

Lass sie nur prunkend stehen
und hauchen würz'gen Brand!
Sie blühen und verwehen,
du aber hast Bestand.

Du rankst an welken Hagen
und zauberst unserm Blick
noch in des Herbstes Tagen
den Rosenmond zurück. –

Mir spiegelt sich in jenen
das Glück, das lockend gleißt
und, wenn wir's unser wähnen,
sich unserm Arm entreißt.

In dir der stete Segen,
den mild ein guter Geist
auf unsern Erdenwegen
uns still begleiten heißt.

Hold tritt er uns entgegen,
wenn bang die Seele ringt,
der unscheinbare Segen,
den jeder Tag uns bringt!

Betty Paoli

Ein Stengel Holländischer Rosen

Blumen

In märzentagen streuten wir die samen
wann unser herz noch einmal heftig litt
an wehen die vom toten jahre kamen
am letzten kampf den eis und sonne stritt.

An schlanken stäbchen wollten wir sie ziehen
wir suchten ihnen reinen wasserquell
wir wussten dass sie unterm licht gediehen
und unter blicken liebevoll und hell.

Mit frohem fleiße wurden sie begossen
wir schauten zu den wolken forschend bang
zusammen auf und harrten unverdrossen
ob sich ein blatt entrollt ein trieb entsprang.

Wir haben in dem garten sie gepflückt
und an den nachbarlichen weingeländen.
Wir wandelten vom glanz der nacht entzückt
und trugen sie in unsren kinderhänden.

Stefan George

Des Tituls Blumenkranz

FLORUM
Fasciculus Alter:
Zweyter Blumen-Theil;
so Maria Sibylla Gräffin
Matth: Merians seel: des Eltern
Tochter nach dem Leben gemahlet
und selbst auffs Kupffer gebracht.
Zu finden in Nürnberg:
bey Joh: Andr: Graffen
Mahlern. A: 1680.

Blumen sind die
Liebesgedanken der Natur.

Bettina von Arnim

Jede sprossende Pflanze,
die mit Düften sich füllt,
trägt im Kelche das ganze
Weltgeheimnis verhüllt.

Emanuel Geibel

An ***

Du mahnst mich an ein Frühlingslüftchen,
das jählings aus dem Süden kam,
urplötzlich fächelt's meine Wangen,
verscheuchend allen Wintergram.

Du mahnst mich an die Schlüsselblume,
die, wenn noch Schnee die Felder deckt,
im Wald aus jungen Gräserspitzen
sein zartes Stängelhälschen streckt.

Du mahnst mich an die erste Lerche,
die sich aus feuchten Furchen schwingt,
und unsichtbar im blauen Äther
die unbewusste Hymne singt.

An alles mahnst du mich, du Holde,
was je mein junges Herz geliebt,
was meinem müden Geiste Flügel
und meiner Seele Tröstung gibt!

Ferdinand Sauter

Schlüsselblümlein / Auriculæ Urfi genant

34

Im Garten

Der alte Garten
Kaiserkron und Päonien rot,
die müssen verzaubert sein,
denn Vater und Mutter sind lange tot,
was blühn sie hier so allein?

Der Springbrunnen plaudert noch immerfort
von der alten schönen Zeit,
eine Frau sitzt eingeschlafen dort,
ihre Locken bedecken ihr Kleid.

Sie hat eine Laute in der Hand,
als ob sie im Schlafe spricht,
mir ist, als hätt ich sie sonst gekannt –
still, geh vorbei und weck sie nicht!

Und wenn es dunkelt das Tal entlang,
streift sie die Saiten sacht,
da gibt's einen wunderbaren Klang
durch den Garten die ganze Nacht.

Joseph von Eichendorff

Einfache/goldgelbe Keyserskron

Die Tulpe

Andre mögen andre loben,
mir behagt dein reich Gewand,
durch sein eigen Lied erhoben
pflückt dich eines Dichters Hand.

In des Regenbogens sieben
Farben wardst du eingeweiht,
und wir sehen, was wir lieben,
an dir zu derselben Zeit.

Als mit ihrem Zauberstabe
Flora dich entstehen ließ,
einte sie des Duftes Gabe
deinem hellen, bunten Vlies.

Doch die Blumen all, die frohen,
standen nun voll Kummers da,
als die Erde deinen hohen
Doppelzauber werden sah.

„Göttin! O zerstör uns wieder,
denn wer blickt uns nur noch an?“,
sprach's die Rose, sprach's der Flieder,
sprach's der niedre Thymian.

Flora kam, um auszusaugen
deinen Blättern ihren Duft:
„Du erfreust“, sie sagt's, „die Augen,
sie erfreun die trunkne Luft.“

August Graf von Platen

Schöne Tulipan / der Hevelmann genant

Die Blumen

O wie so lieb
sind mir geworden die Blumen,
seit ich nun wieder, wie einst, tagelang
in Wäldern schweife. Wie frisch
aufatm' ich
allmorgendlich, wenn ich emporklimme
der Sonn entgegen,
die Waldestreppen, felsig gestuft und überkrochen
von tausendjährigen Wurzeln,
zur einsamen Bergwiese, wo rötlich
die Heide blüht und wo
um meines Fußes Niedertritt
Heuschreckenschwärme wie Funken stäuben.
Da steh ich still
bei Glocken- und Kreuz- und Flocken- und Ringelblumen
und suche mit Dichteraugen
ein Reinentwickeltes und freue mich innig, wenn
recht vollgedrängt auf hohem Stängel das Blütenköpfchen
der Skabiose schwankt am Waldsteig, wenn
auf schön gezacktem Blätterfuß
Ranunkulus stolziert
in Wiesengründen, wenn in die Wildnis
die Gentiane blauen Glanz streut und Doldengewächse
weithin verzweigt auf hohen Stämmen die Heide bedecken.

Eine Feuerfarbe Ranunkel

Es lockt der Schönheit selige Spur
auf Waldespfaden das Aug des Dichters,
wie sie den Sehnenden anlockt im Getümmel des Markt:
Im Getümmel des Markt aber ist Schönheit
ein schwirrend geflügeltes Wunder, bunt schillernd,
doch schwer zu haschen und oft
mit scharfem Stachel bewaffnet:
Fromm sind und stille die Blumen.

Robert Hamerling

Lilie

Schneerein bist du erblühet, Lilie!
Lebst so einsam dein duftendes Leben!
Meinst, dich könnte nun niemand erreichen
und dich mit Liebesgruß umschweben!

Liebchen, umsonst! Dich hab ich gefunden
auf des Frühlings blühenden Matten.
Mit dir, Lilie, muss ich vergehen,
denn im Leben bin ich dein Schatten.

August Heinrich Hoffmann von Fallersleben

Weisse Lilien / Schneetröpflein und blauer Bindling

Iris bei Nacht

Wie reglose blaue Falter
schweben die Iris am Stiel.
Die Mauer ist grau vor Alter
und schwarz, wenn der Abend fiel.

Wie reglose blaue Falter
schimmern sie noch in der Nacht.
Die Mauer ist schwarz vor Alter.
Ich bin bei den Iris erwacht.

Wie reglose blaue Falter
rühren sie mir ans Gesicht.
Die Mauer ist schwarz vor Alter.
Iris, wir kennen uns nicht.

Georg von der Vring

Dunckelblaue Iris / oder Schwert-Lilie

Nelken

Ich wand ein Sträußlein morgens früh,
das ich der Liebsten schickte;
nicht ließ ich sagen ihr, von wem
und wer die Blumen pflückte.

Doch als ich abends kam zum Tanz
und tat verstohlen und sachte,
da trug sie die Nelken am Busenlatz
und schaute mich an und lachte.

Theodor Storm

Negelein / oder Grasblumen-Stengel

Anemonen

Sag, woher kommen
die schönen, die frommen,
die Tausend und Abermillionen
weiß gekleideter Anemonen?

„Wir sind die Kindlein, die abgeschieden
so frühe hienieden;
nun wohnen wir oben
im Vaterhause da droben."

Was tut ihr nun hier
im Waldesrevier,
ihr lieblichen Kleinen
beim Frühlingserscheinen?

„Drum dürfen wir fort,
jedes an seinen Heimatort;
auf Ostern da wird Vakanz gegeben,
drei Wochen lang welch ein Freudenleben!"

„Und drum sind wir hier
im Waldesrevier
alles weiß gekleidet. Mägdlein wie Söhnlein
mit goldenen Krönlein."

Christian Wagner

Ein Gebänd/mit einer tunkeln Sammetrosen/und weissen Jesamin/nebst einer Purpur-Anemone

Zueignung

Ich habe dir in ernsten stillen Stunden,
betrachtungsvoll in heil'ger Einsamkeit,
die Blumen dieser und vergangner Zeit,
die mir erblüht, zu einem Kranz gewunden.

Von dir, ich weiß es, wird der Sinn empfunden,
der in des Blütenkelchs Verschwiegenheit
nur sichtbar wird dem Auge, das geweiht
im Farbenspiel den stillen Geist gefunden.

Es flechten Mädchen so im Orient
den bunten Kranz; dass vielen er gefalle,
wetteifern unter sich die Blumen alle.

Doch Einer ihren tiefern Sinn erkennt,
ihm sind Symbole sie nur, äußre Zeichen;
sie reden ihm, obgleich sie alle schweigen.

Karoline von Günderrode

Des Tituls Blumenkranz

FLORUM
Fasciculus Tertius
Dritter Blumen-Theil:
so Maria Sibilla Gräffin
nach den Leben gemahlet,
und ins Kupffer gestochen.
Zufinden in
Nürnberg
Bey Joh: Andr: Graf-
fen Mahlern.
A°. 1680.

Lied der Freundin

Zarter Blumen leicht Gewinde
bring ich dir zum Angebinde;
Unvergängliches zu bieten,
war mir leider nicht beschieden.

In den leichten Blumenranken
lauschen liebende Gedanken,
die in leisen Tönen klingen
und dir fromme Wünsche bringen.

Und so bringt vom fernen Orte
dieses Blatt dir Blumenworte;
mögen sie vor deinen Blicken
sich mit frischen Farben schmücken.

Marianne von Willemer

Ein Blumen-Körblein

Blumengruß

Der Strauß, den ich gepflücket,
grüße dich vieltausendmal!
Ich habe mich oft gebücket,
ach, wohl eintausendmal,
und ihn ans Herz gedrücket
wie hunderttausendmal!

Johann Wolfgang von Goethe

Ein Blumen-Krüglein

Hyazinthen

Fern hallt Musik; doch hier ist stille Nacht,
mit Schlummerduft anhauchen mich die Pflanzen.
Ich habe immer, immer dein gedacht;
ich möchte schlafen, aber du musst tanzen.

Es hört nicht auf, es rast ohn Unterlass;
die Kerzen brennen und die Geigen schreien,
es teilen und es schließen sich die Reihen,
und alle glühen; aber du bist blass.

Und du musst tanzen; fremde Arme schmiegen
sich an dein Herz; o leide nicht Gewalt!
Ich seh dein weißes Kleid vorüberfliegen
und deine leichte, zärtliche Gestalt.

Und süßer strömend quillt der Duft der Nacht
und träumerischer aus dem Kelch der Pflanzen.
Ich habe immer, immer dein gedacht;
ich möchte schlafen, aber du musst tanzen.

Theodor Storm

Weisser Hundszahn / rother Hyacinth / Iris von Persien / und Schaben-Blümlein / oder Weintrauben-Hyacinth

Tulpe

Fest das Fleisch und prall die Haut,
seh ich dich im Garten
magdlich rund und wohlgebaut
in die Dämmerung warten.

Recht zum Küssen angetan,
Weibs, es auch zu zeigen:
Gehn nicht gar zu zeitlich an
Lieb und Liebesreigen?

Wenn die Mädchen rank und schloh
noch den Kindsschlaf lieben,
treibst du's zwischen Schütt und Stroh
und beim Nachbar drüben;

schenkst das Weiß, das Flammigrot,
und das Gäl des Vlieses:
Lippenwein und Wangenbrot,
ach, und jen- und dieses.

Antje, gute, derb und froh
und so schön durchtrieben:
Wer im Dorf und anderswo
müsste dich nicht lieben!

Josef Weinheber

Blaue Stern-Hyacinthen / Tulipan der Admiral de-Moor genant / und gefüllte Fritillarien

Anemonen

Eure Tage sind da, ihr Kinder des Walds und der Büsche.
Eure Tage sind da, ihr blühenden Boten des Frühlings.
Ist auch der Hain und die Hecke noch kahl, der März ist gekommen,
der über schmelzendem Schnee die reine Blüte emporführt,
der Anemonen belebende, knospende März ist gekommen.
Windrosen, weiße und rötliche, trägt nun der Busch, und das feuchte
Ufer ist gelb, und des Buchenwalds Laub von den blauen umsponnen.
Als du der zartesten Freuden gedachtest und fragtest: Was ist es,
das mich in Ahnungen schwebend und leise berührt und erheitert?
Sprach ich: Gedenke der Knospe, des Lichts, der vergänglichen Blüte.
Was dich froh macht, Geliebte, kommt von lebendigen Zeichen.
Anemonen sind es, die im Walde erblühten.
Anemonen sind es, die dich heute begrüßten.

Friedrich Georg Jünger

Sechs auserlesene Anemonen

Schwertlilien

Das sind die Blumen, die wie Kirchen sind.
Ein Blick in sie hinein zwingt uns zu schweigen.
Wie Weihrauch fromm berauschend strömt ihr Duft,
wenn wir uns zu der schönen Blüte neigen.

Sie sind wie Schmetterlinge dünn und zart.
Und wissen ihr Geheimnis doch zu hüten.
Es hellen goldne Kerzen sanft den Pfad
ins Allerheiligste der Wunderblüten.

Francisca Stoecklin

Gefüllter Rittersporn / ein Josephstab und eine Englische Iris

Der Stieglitz

Die Sonne blitzt, ein Distelfeld
belebt die stille Mittagswelt;
Im starr gezackten Blättermeer
glühn purpurlockig kreuz und quer
die Blütenköpfe.

Und durch den eisengrauen Busch,
ein bunter Vogel, hupp, hup, husch,
hüpft durch das wilde Staudenheer,
als ob es ohne Stacheln wär:
ein junger Stieglitz.

Wie wirr, wie wunderlich geschweift!
Ein leichtes Lüftchen kommt und greift
von Blütenspeer zu Blütenspeer
und wirft die Schatten hin und her;
weg ist der Stieglitz.

Nun will ich stille weitergehn
und mir die sonnige Welt besehn,
und durch das Leben kreuz und quer,
als ob es ohne Stacheln wär;
das liebe Leben.

Richard Dehmel

Magsamen-Blume / blaue Wiesen-Glöcklein /
und ein Stigelitz / oder Distelfink

Wenn die Maiglöckchen blühn

Nun in der schönen Frühlingszeit,
da singt und klingt es weit und breit,
Maiglöckchen blühn im Walde.
Es jauchzt im Busch die Nachtigall
und überall mit süßem Schall
die Lerchen ob der Halde.

Und da nun alles tönt und klingt
und Gott im Himmel Lieder singt,
nimmt Hänschen die Trompete,
und Fritzchen steht in guter Ruh,
er singt und schlägt den Takt dazu,
und mächtig kräht die Grete.

Der liebe Gott im Himmel spricht:
„Zwar allzu lieblich klingt es nicht,
doch will ich darauf nicht sehen!
Ein jeder macht's, so gut er kann,
und hört es sich auch mäßig an,
ich kann es doch verstehen!"

Heinrich Seidel

Mayenblümlein / und eine Tuberosa /
samt einem Corallen-Blümlein

Vergissmeinnicht

Es blüht ein schönes Blümchen
auf unsrer grünen Au.
Sein Aug' ist wie der Himmel
so heiter und so blau.

Es weiß nicht viel zu reden
und alles, was es spricht,
ist immer nur dasselbe,
ist nur: Vergissmeinnicht.

Wenn ich zwei Äuglein sehe
so heiter und so blau,
so denk' ich an mein Blümchen
auf unsrer grünen Au.

Da kann ich auch nicht reden
und nur mein Herze spricht,
so bange nur, so leise,
und nur: Vergissmeinnicht.

August Heinrich Hoffmann von Fallersleben

*Gelbe Rittersporn / eine Tosten / und Blümlein /
genant Vergiß mein nicht*

Textnachweis

Seite 8: Paula Ludwig, Die Hyazinthe. © Kristian Wachinger, Berlin
Seite 10: Rose Ausländer, An eine Narzisse. Aus: Rose Ausländer Band 1, S. 45, © S. Fischer Verlag Gmbh Frankfurt am Main
Seite 38: Georg von der Vring, Iris bei Nacht, aus: Georg von der Vring, Die Gedichte. Gesamtausgabe der veröffentlichten Gedichte und eine Auswahl aus dem Nachlass © 1996 Verlag C.H.Beck, vormals Langewiesche-Brandt.
Seite 54: Friedrich Georg Jünger, Anemonen. Aus: Friedrich Georg Jünger: Gedichte. Frankfurt a. M.: Vittorio Klostermann, 1949. © Vittorio Klostermann GmbH, Frankfurt am Main 1949.

Der Verlag hat sich bemüht, alle Rechteinhaber in Erfahrung zu bringen. Für weitere Hinweise sind wir dankbar.

Bildnachweis

Illustrationen: Maria Sibylla Merian, Neues Blumenbuch, Lithografie: © SLUB Dresden/Digitale Sammlungen aus: S.B. 760

Die Bildunterschriften wurden aus dem Neuen Blumenbuch in der Ausgabe von 1680 übernommen.